parmi les oursons

Philippe Salembier
Catherine Salembier

C'est la veille de Noël.
Bien au chaud dans les bras de papa, Flocon regarde
la douce neige tomber sur la forêt.

Ce matin, maman lui a montré, par la fenêtre,
un petit rouge-gorge, et lui a raconté qu'en hiver,
cet oiseau s'habille de rouge pour ressembler au père Noël.
« Il ne lui manque que mon bonnet vert et blanc ! »
a dit Flocon en riant.

Un bon feu dans la cheminée,
un sapin joliment décoré,
il est temps maintenant
de préparer ses petits souliers.

Pendant que maman décore la cheminée,
papa et Cacao vont embrasser monsieur Neige
et lui apportent quelques jolis paquets.
Monsieur Neige est un tendre,
il serre tout contre lui
ses doux petits amis.

Cacao et Caramel sortent ensuite violon et partitions,
pour offrir à monsieur Neige quelques chants de Noël,
avant de regagner la maison.

La nuit commence à tomber.
Il est temps de rentrer.
Rangeons la luge et mettons nos paquets
près de la cheminée.

Nos trois oursons aimeraient bien
pouvoir déballer ces jolies boîtes enrubannées,
« mais il faut attendre encore un peu »,
a dit maman à ses enfants.

Près du sapin, on s'amuse avec papa,
on lui fait un gros câlin.

Devant la cheminée, on écoute les histoires
que maman a inventées.
Quel doux Noël pour nos petits amis !

Et lorsque papa et maman Ours trouvent
Caramel, Cacao et Flocon assis au beau milieu des paquets
devant le sapin décoré, ils se disent que, vraiment,
le plus beau des cadeaux, c'est d'avoir auprès d'eux
ces trois coquins d'oursons !

Vive le vent

Vive le vent Vive le vent Vive le vent d'hi - ver

Qui s'en va si - fflant sou - fflant dans les grands sa - pins verts Oh !

Vive le temps Vive le temps Vive le temps d'hi - ver

Boule de neige et jour de l'an et bonne an-née Grand-Mère ! - -

Mon beau sapin

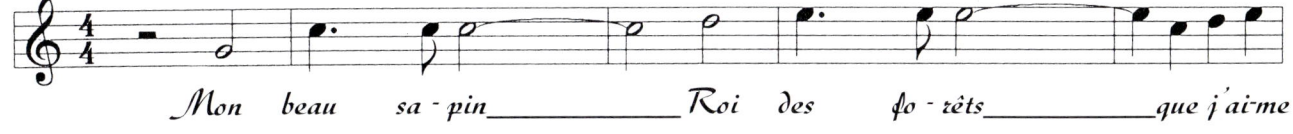

Mon beau sa - pin_____ Roi des fo - rêts_____ que j'ai-me

ta pa - ru - re Quand par l'hi-ver_____ bois

et　　gué - rets＿＿＿＿＿＿＿sont　dé　-　pou - illés＿＿＿＿＿＿＿de

leurs　　at - traits＿＿＿＿＿　Mon　beau　sa - pin＿＿＿＿　Roi

des　　fo - rêts＿＿＿＿＿tu gar-des ta　pa　-　ru　-　re＿＿＿＿＿

Il est né le divin Enfant

Il est né le di - vin En - fant

Jou - ez Haut-bois Ré-son - nez mu-set-tes Il est né le di -

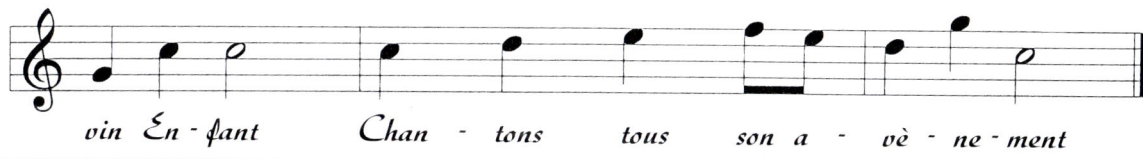

vin En - fant   Chan - tons   tous   son a - vè - ne - ment

Douce Nuit, Sainte Nuit

Dou - ce nuit Sain - te nuit Tout s'en-

dort à mi - nuit Mais dans le ciel sans voi - le

Ap - pa - rut une é - toi - le Pour gui - der les ber - gers-

Jus - qu'à l'en - fant qui est né - - - - - - -

Noël blanc

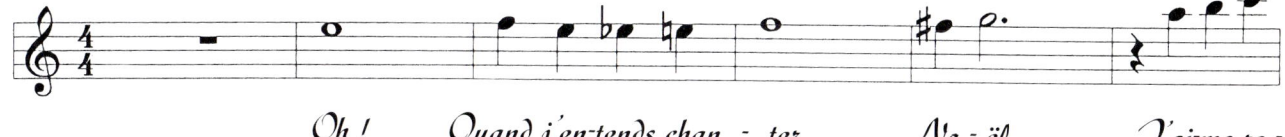

Oh ! Quand j'en-tends chan - ter No - ël J'ai-me re -

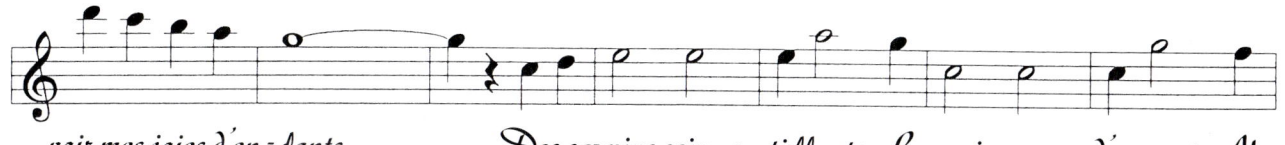

voir mes joies d'en - fants_____ Des sa-pins scin - ti-llants La nei - ge d'ar-gent No -

ël - Mon beau rê - ve blanc_____ Oh ! Quand j'en-tends son -

ner au ciel Là où le bon vieil-lard des - cend_____ Je re - vois tes

yeux clairs_____ Ma - man Et je songe à d'autres à

d'au - tres No - ëls blancs - - - - -

Les anges dans nos campagnes

o - ri - a   in ex - cel - sis   De - o - - - -

Noël des petits santons

Dans u-ne boîte en car-ton som- mei-llent des pe-tits san   - tons

Le ber - ger le ré-mou-leur et   l'en-fant Jé-sus ré - demp - teur

Joyeux Noël